Tiburones

Conteo salteado

Saskia Lacey

Asesora

Lorrie McConnell, M.A.
Especialista de capacitación profesional TK–12
Moreno Valley USD, CA

Créditos de publicación

Rachelle Cracchiolo, M.S.Ed., *Editora comercial*
Conni Medina, M.A.Ed., *Gerente editorial*
Dona Herweck Rice, *Realizadora de la serie*
Emily R. Smith, M.A.Ed., *Realizadora de la serie*
Diana Kenney, M.A.Ed., NBCT, *Directora de contenido*
June Kikuchi, *Directora de contenido*
Caroline Gasca, M.S.Ed., *Editora superior*
Stacy Monsman, M.A., *Editora*
Michelle Jovin, M.A., *Editora asociada*
Sam Morales, M.A., *Editor asociado*
Fabiola Sepúlveda, *Diseñadora gráfica*
Jill Malcolm, *Diseñadora gráfica básica*

Créditos de imágenes: portada, pág.1 Martin Strmiska/Alamy; pág.10 Charles Hood/
Alamy; pág.11 Jeff Rotman/Alamy; pág.12 Martin Strmiska / Alamy Stock Photo;
pág.13 Stocktrek Images/Alamy; pág.14 AMNH/J. Sparks, D. Gruber, y V. Pieribone
proveída por Wenn/Newscom; pág.15 Andy Murch/VWPics/Newscom; pág.16 Kelvin
Aitken/VWPics/Alamy Stock Photo; pág.17 Gary Doak/Alamy; págs.18, 19 Paulo de
Oliveira/NHPA/Photoshot/Newscom; pág.19 (inferior derecha) Timothy J. Bradley;
págs.26, 27 Aji Styawan/NurPhoto/Sipa USA/Newscom; todas las demás imágenes de
iStock y/o Shutterstock.

Teacher Created Materials

5301 Oceanus Drive
Huntington Beach, CA 92649-1030
www.tcmpub.com

ISBN 978-1-4258-2860-8

© 2019 Teacher Created Materials, Inc.
Printed in China
Nordica.072018.CA21800713

Contenido

Tiburones: ¿amigos o enemigos?

Cuando escuchas la palabra *tiburón*, ¿qué se te viene a la mente? ¿Imaginas muchos dientes filosos y temibles? Si es así, no eres el único. Muchas personas les temen a los tiburones.

Hay más de cuatrocientas especies, o tipos diferentes, de tiburones. No todos son peligrosos. La mayoría de los tiburones no molestan a las personas. Cuando llegas a conocer a los tiburones, una cosa es cierta: todos son **únicos**.

gran tiburón blanco

Imagina que tu clase visita un acuario durante una excursión.

1. Hasta ahora, tus amigos han contado 37 peceras. Te piden que sigas contando en una exhibición con 4 peceras. ¿Cuáles son los próximos cuatro números después de 37?

2. Los trabajadores del acuario están dando gránulos de alimento a los peces. Mientras lanzan los gránulos de alimento en la pecera, cuentan hacia atrás para llevar el control de cuántos gránulos quedan. En este momento, hay 122 gránulos de alimento. Al contar hacia atrás desde 122, ¿cuáles son los primeros cuatro números que dirán?

tiburón de arrecife

De los dientes a la cola

Con tantas especies de tiburones, hay una gran variedad en cómo se ven. Sin embargo, muchos tiburones comparten la misma **anatomía**.

Todos los tiburones son peces. Esto significa que usan **branquias** para respirar y **aletas** para nadar. La aleta caudal les da fuerza a los tiburones. A medida que los tiburones se mueven de lado a lado, sus aletas los empujan a través del agua.

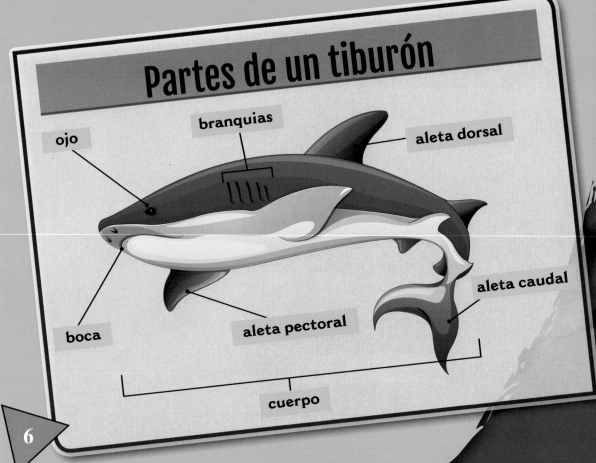

Partes de un tiburón

ojo

branquias

aleta dorsal

boca

aleta pectoral

aleta caudal

cuerpo

En el acuario, Toby nota que algunos tiburones tienen 5 branquias a cada lado del cuerpo.

1. Cuenta de 5 en 5 para demostrar cuántas branquias tiene cada tiburón en total.

2. Hay 4 tiburones en la pecera. Dibuja una recta numérica similar a la que aparece abajo. Elige un número para contar salteado y usa la recta numérica para mostrar cuántas branquias tienen cuatro tiburones.

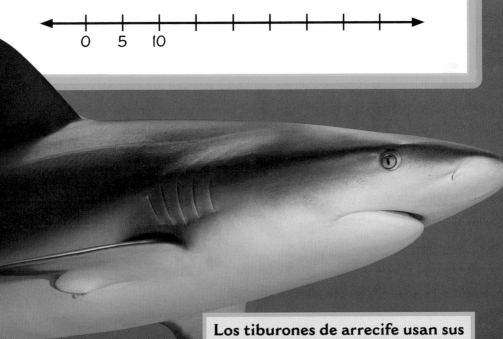

Los tiburones de arrecife usan sus fuertes aletas para girar rápido.

7

La mayoría de los tiburones tienen aletas y un **hocico** puntiagudos. El tiburón azul y el gran tiburón blanco tienen esta forma. Les ayuda a abrirse paso en el agua y a nadar rápidamente. Algunos de estos tiburones pueden nadar a más de 40 millas por hora (64 kilómetros por hora) cuando persiguen una **presa**.

Otras especies, como el tiburón ballena y el tiburón ángel, tienen un hocico redondeado y plano. Algunos tiburones usan este tipo de hocico para enterrarse en la arena. Luego, se esconden mientras esperan que su presa pase nadando.

tiburón ballena

tiburón azul

9

Los tiburones son famosos por su sonrisa. A diferencia de los humanos, los tiburones tienen varias hileras de dientes. Cuando un tiburón pierde un diente, un diente de otra hilera se mueve hacia delante para reemplazarlo.

Algunos tiburones tienen dientes muy filosos que los ayudan a despedazar la comida. Otros tienen dientes planos que los ayudan a romper valvas para comer lo que hay dentro. Los tiburones tienen los dientes que necesitan para cazar a sus presas y vivir en sus **hábitats**.

La enorme boca de los tiburones peregrinos y sus dientes puntiagudos los ayudan a filtrar el plancton.

La tienda de regalos del acuario vende bolsas de dientes de tiburón plásticos.

1. Cada bolsa tiene 10 dientes plásticos. Tara compra 8 bolsas. Usa los espacios en blanco para contar de 10 en 10 y demostrar cuántos dientes tiene Tara en total.

   10, ___, ___, ___, ___, ___, ___, ___

2. ¿Qué patrón observas al contar de 10 en 10?

Los tiburones toro usan sus dientes filosos para comer pequeños peces óseos.

Especies de tiburones

Todos los tiburones comparten algunos **rasgos**, como las branquias y las aletas. Sin embargo, hay otras cosas que hacen única a cada especie.

Tiburones ballena

El pez más grande del mundo es el tiburón ballena. Los tiburones ballena pueden medir hasta 59 pies (18 metros) de largo. ¡Eso es más largo que un autobús escolar! Cazan nadando con la boca abierta. Mientras nadan, atrapan presas y plantas pequeñas. El agua fluye por sus branquias, mientras que el alimento se queda en la boca.

Dos buzos nadan junto a un tiburón ballena.

Este tiburón ballena toma una bocanada de agua y alimento.

EXPLOREMOS LAS MATEMÁTICAS

En el acuario, la clase aprende que los billetes de 100 pesos de Filipinas tienen tiburones ballena en el reverso.

1. Los alumnos ven una exhibición de siete billetes de 100 pesos. Usa los espacios en blanco para contar de 100 en 100 y demostrar cuántos pesos vale ese dinero.

   100, ___, ___, ___, ___, ___, ___

2. ¿Qué patrón observas al contar de 100 en 100?

Los alitanes malleros se ven entre sí con piel de color verde brillante.

Alitanes malleros

Los tiburones ballena reciben ese nombre por el tamaño, mientras que los alitanes malleros se llaman así por su piel. Su nombre proviene del patrón que tiene su piel color café y amarillo, similar a una malla.

Los alitanes malleros son peces de aguas profundas. Cazan calamares, peces y gusanos. Los alitanes malleros viven en el suelo oceánico. Su piel los ayuda a camuflarse con la arena. Pero los alitanes malleros se ven entre sí fácilmente. Ven a otros alitanes malleros como formas verdes brillantes.

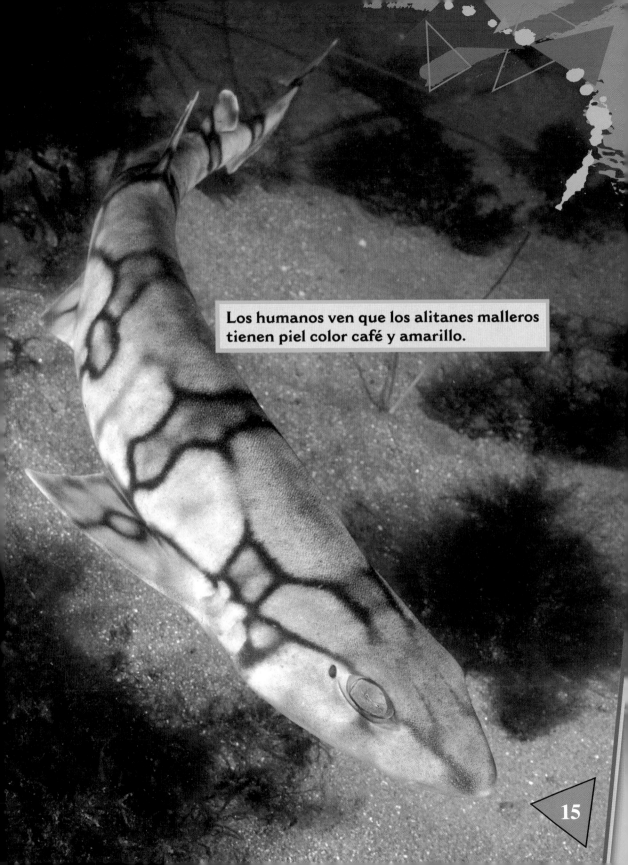

Los humanos ven que los alitanes malleros tienen piel color café y amarillo.

tiburón ángel

Tiburones ángel

Como los alitanes malleros, los tiburones ángel viven en el suelo marino. Cuando los tiburones ángel cazan, primero se esconden en la arena. Se contonean hacia delante y hacia atrás hasta que el cuerpo les queda cubierto de arena. Solo se les ven los ojos. Entonces, esperan que pase la presa. Los tiburones ángel pueden quedarse quietos en el suelo marino ¡por más de una semana! Cuando los tiburones ángel ven una presa, salen de la arena y cierran de golpe la mandíbula.

Un buzo nada junto a un tiburón ángel cubierto de arena.

Tiburones duende

Los tiburones duende también viven en el suelo marino. A estos tiburones rosados se les conoce por sus mandíbulas únicas. Cuando cazan, pueden extender las mandíbulas fuera de la boca ¡hasta 3 pulgadas (8 centímetros)! Pueden hacerlo porque sus mandíbulas no están unidas a la boca. En cambio, están conectadas a la piel. La piel se desdobla para permitir que el tiburón cace la presa. Este rasgo les permite cazar a su presa desde lejos.

Esta ilustración muestra cómo un tiburón duende extiende sus mandíbulas fuera de la boca para atrapar su presa.

19

Tiburones nodriza

En aguas tibias y poco profundas se pueden ver tiburones nodriza. Su piel color café los ayuda a camuflarse con la arena. Estos tiburones se mueven lentamente y comen animales pequeños. Las fuertes mandíbulas y el tamaño de los tiburones nodriza asustan a algunas personas. Después de todo, ¡pueden medir hasta 14 ft (4 m) de largo! Pero los tiburones nodriza suelen ser **dóciles**. No atacarán a los humanos a menos que se sientan en peligro.

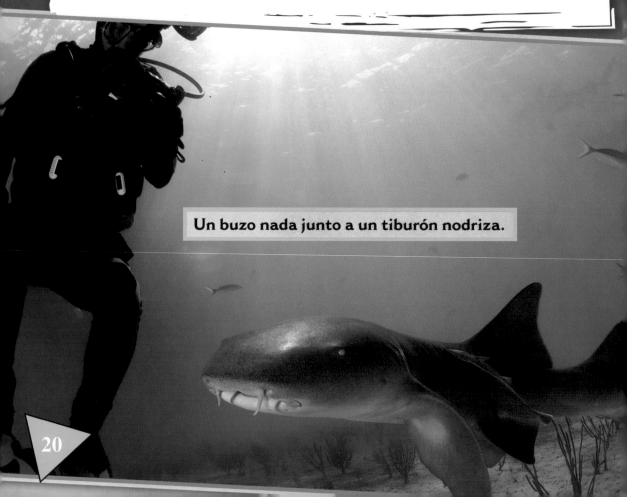

Un buzo nada junto a un tiburón nodriza.

Los dos objetos puntiagudos cerca de la boca del tiburón nodriza son parte de su nariz.

tiburón martillo

Tiburones martillo

Los tiburones martillo permanecen cerca de la superficie del agua. Estos tiburones son fáciles de identificar por su singular cabeza. También sobresalen por su gran tamaño. ¡Algunos pueden pesar hasta 1,000 libras (450 kilogramos)!

Al nadar, estos tiburones mueven la cabeza de un lado a otro. Esto les permite usar sus ojos muy separados para ver todo a su alrededor. Pueden ver tanto hacia delante como hacia atrás mientras nadan. Este rasgo ayuda a los tiburones martillo a cazar y mantenerse a salvo.

Grandes tiburones blancos

El gran tiburón blanco es una de las especies de tiburones más famosas. Sus mandíbulas enormes tienen hasta trescientos dientes grandes y afilados que pueden masticar casi todo. El gran tiburón blanco se encuentra en la cima de la **cadena alimentaria** del océano. Come de todo, desde tortugas marinas hasta ballenas pequeñas. Este tiburón sigue el olor de la sangre. El gran tiburón blanco puede oler la sangre de su presa ¡hasta a 3 mi (5 km) de distancia!

Los dientes del gran tiburón blanco tienen bordes como pequeños serruchos.

Un gran tiburón blanco salta fuera del agua para atrapar una foca.

¡Salvemos a los tiburones!

Los humanos cazan tiburones para alimentarse y por deporte. Esto no es bueno para la vida marina. Los tiburones ayudan a equilibrar la cadena alimentaria. Las personas tienen que trabajar juntas para salvar a los tiburones. Mantener los océanos limpios puede ayudar a salvar a los tiburones. No comprar productos que contengan tiburón, como alimentos o ropa hechos con la carne y la piel de los tiburones, también puede ayudar.

Hay tiburones de diversas formas y tamaños. Algunos tiburones son peligrosos y algunos son inofensivos. Pero cada uno es una especie que necesita protección.

🗘 Resolución de problemas

Los tiburones toro pueden nadar hasta 20 millas por hora. Con esa velocidad tan alta, pueden viajar distancias largas en períodos cortos de tiempo. Imagina que los científicos rastrean algunos tiburones toro mediante dispositivos electrónicos. Usando los datos de los dispositivos, descubren cuánto nadan los tiburones por mes.

La tabla muestra cuánto nadaron los tiburones toro de enero a junio. Usa el conteo salteado para hallar el patrón de los hábitos de nado de cada tiburón y completa la tabla. Luego, describe el patrón de nado de cada tiburón.

Nombre del tiburón	Enero	Febrero	Marzo	Abril	Mayo	Junio
Pedro	10 mi		20 mi	25 mi		35 mi
Lía	25 mi	35 mi			65 mi	
Walt	47 mi		67 mi	77 mi		97 mi
Estrella	102 mi		302 mi		502 mi	

Glosario

aletas: partes planas y delgadas que sobresalen del cuerpo de los peces y los ayudan a nadar

anatomía: las partes que forman un ser vivo

branquias: partes del cuerpo que los peces usan para respirar

cadena alimentaria: una serie en la que un tipo de ser vivo es alimento de otro tipo de ser vivo

dóciles: mansos o amables

hábitats: lugares donde viven los seres vivos

hocico: la parte de la cara que sobresale en algunos animales

presa: seres vivos cazados por otros seres vivos como alimento

rasgos: características que diferencian a las personas o a las cosas

únicos: que no se parecen a nada

Índice

Soluciones

Exploremos las matemáticas

página 5:
1. 38, 39, 40, 41
2. 121, 120, 119, 118

página 7:
1. 5, 10; 10 branquias
2. Las rectas numéricas variarán, pero deberían mostrar que cuatro tiburones tendrán un total de 40 branquias.

página 11:
1. 10, 20, 30, 40, 50, 60, 70, 80; Tara compra 80 dientes.
2. Las respuestas variarán, pero pueden incluir que todos los números tienen 0 en el lugar de las unidades o que todos los números aumentan en 1 en el lugar de las decenas.

página 13:
1. 100, 200, 300, 400, 500, 600, 700; el dinero vale 700 pesos.
2. Las respuestas variarán, pero pueden incluir que todos los números tienen 0 en el lugar de las unidades y de las decenas, o que todos los números aumentan en 1 en el lugar de las centenas.

Resolución de problemas

Pedro: febrero: 15 mi, mayo: 30 mi
Lía: marzo: 45 mi, abril: 55 mi, junio: 75 mi
Walt: febrero: 57 mi, mayo: 87 mi
Estrella: febrero: 202 mi, abril: 402 mi, junio: 602 mi
Las descripciones variarán.
Ejemplo: *Cada mes, Pedro nadó 5 mi más lejos que el mes anterior, Lía y Walt nadaron 10 mi más lejos y Estrella nadó 100 mi más lejos.*